CB143301

O CATADOR DE PAPEL II

FERNANDO CARRARO

FTD

Todos os direitos de edição reservados à
EDITORA FTD S.A.
Matriz: Rua Rui Barbosa, 156 (Bela Vista) São Paulo - SP
CEP 01326-010 - Tel. (0-XX-11) 3253-5011- Fax (0-XX-11) 3284-8500 r. 243
Caixa Postal 65149 - CEP da Caixa Postal 01390-970
Internet: http://www.ftd.com.br
E-mail: epere@ftd.com.br

Editor
Maurilo Sampaio

Coordenação de revisão
Rosa Maria Mangueira

Preparação
Márcia Ap. F. Anjo

Revisão
Ana Lúcia Pereira Horn
Claudia Padovani
Eliza Hitomi Yamane
Lia Hernandes
Regina Célia Barrozo

Editor de arte
Cláudio Cuellar

Ilustração
Avelino Guedes

Diagramação
Aparecida Pimentel
Reginæ Crema

Editoração eletrônica
Finalização
Alceu Medeiros

Coordenação
Carlos Rizzi
Reginaldo Soares Damasceno

Dados Internacionais de Catalogação na Publicação (CIP)
(Câmara Brasileira do Livro, SP, Brasil)

Carraro, Fernando, 1942-
O catador de papel II / Fernando Carraro; [ilustrações de Avelino Guedes]. – São Paulo: FTD, 2000.

1. Educação religiosa para crianças
2. Literatura infanto-juvenil I. Guedes, Avelino, 1948 -. II. Título.

00-4724 CDD-028.5

Índices para catálogo sistemático:
1. Educação religiosa para crianças: Literatura infantil 028.5
2. Educação religiosa para crianças: Literatura infanto-juvenil 028.5

Para todos os moradores de rua que, vivendo num país de tantas possibilidades, não têm onde morar e o que comer.

Que todos tenham condições para se sentir verdadeiramente cidadãos brasileiros.

A todos aqueles que com o seu trabalho voluntário procuram resgatar a auto-estima e a dignidade dos meninos de rua, criando-lhes as oportunidades a que têm direito (como cidadãos brasileiros...).

Manhã de 25 de dezembro...

Do forte aguaceiro do dia anterior, restavam apenas algumas poças de água...

Os meninos de rua que moravam sob o viaduto estavam desolados.

Um catador de papel com o apelido de Papelão pedira-lhes abrigo. Depois lera para eles à luz de um toco de vela três lindas parábolas de Jesus.

Papelão conseguira resgatar-lhes a auto-estima, o direito de sonhar, de crescer, de ser gente, de ser feliz!...

O desaparecimento misterioso do amigo, no entanto, deixara-os sem ação. Estavam completamente indecisos.

Promessa é promessa

— E agora, o que vamos fazer?

— O que foi que prometemos a Papelão?

— É mesmo! Vamos voltar para casa!

— Como vou fazer isso se o meu padrasto me expulsou de lá?

— Vai ter de conversar com ele.

— Prometemos também voltar a freqüentar a escola.

— Parar de roubar e de usar drogas!

— Isso mesmo! Temos de cumprir a nossa palavra.

— Concordo com você.

— E o que faremos com o livro das parábolas?

— O que acham de ficar um pouco na casa de cada um?

— Boa idéia!

— Posso ser o primeiro a ficar com ele?

— Tá certo.

— Então, vamos para casa.

As sementes das parábolas de Jesus começavam a germinar em seus pequenos corações...

Sem perceber, tinham ganho o maior presente de Natal.

Primeiros frutos

Sem dinheiro para a condução, os meninos partiram a pé para suas casas.

— Sabem no que estou pensando?

— Em quê?

— Na parábola do Filho Pródigo. Estou me sentindo como se fosse ele...

— Eu também.

Só o menino que morava com o padrasto não teve a mesma sorte que os outros três. Nada de abraços, festa. Em poucos dias, só desentendimentos. Não agüentou e voltou a sair de casa.

Os meninos não paravam de falar sobre Papelão e as parábolas. O menino que levara o livro mostrou-o para a família.

— Olha, mãe, eu trouxe o livro das parábolas. Nós o achamos no carrinho do Papelão.

— Nossa, quem jogou fora um livro assim?

— Até que foi bom. Graças a isso estou de volta...

— Maria, por que não lê uma parábola para nós?

— Qual?

— Qualquer uma. São todas tão bonitas...

A irmã abre o livro.

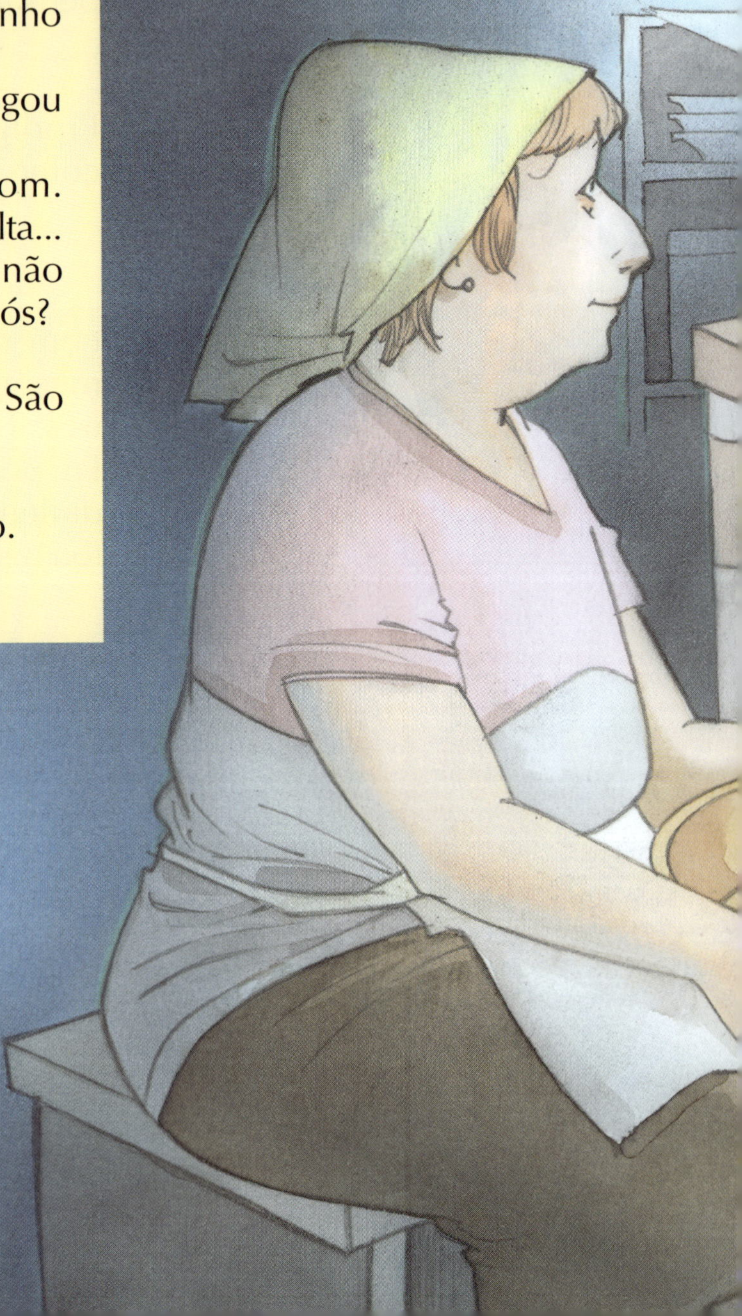

A parábola da ovelha perdida

(Textos bíblicos:

— Lucas, capítulo 15, versículos de 1 a 7;

— Mateus, capítulo 18, versículos de 12 a 14)

Certa vez, percebeu Jesus que estava sendo criticado porque dava atenção às pessoas consideradas de má reputação e comia com elas. Foi nesse momento que ele lhes contou esta parábola.

Um pastor cuidava de suas ovelhas. Ao perceber que uma delas se perdera, deixou as noventa e nove e foi atrás daquela que estava perdida. Depois de achá-la, ele colocou-a em seus ombros e foi para casa cheio de alegria. Ao encontrar seus amigos, foi logo dizendo a eles: "Alegrem-se comigo, pois encontrei esta ovelha que se havia perdido".

Jesus concluiu a parábola dizendo: "Haverá maior festa no céu com um pecador que se converta do que com noventa e nove justos que não necessitam de arrependimento".

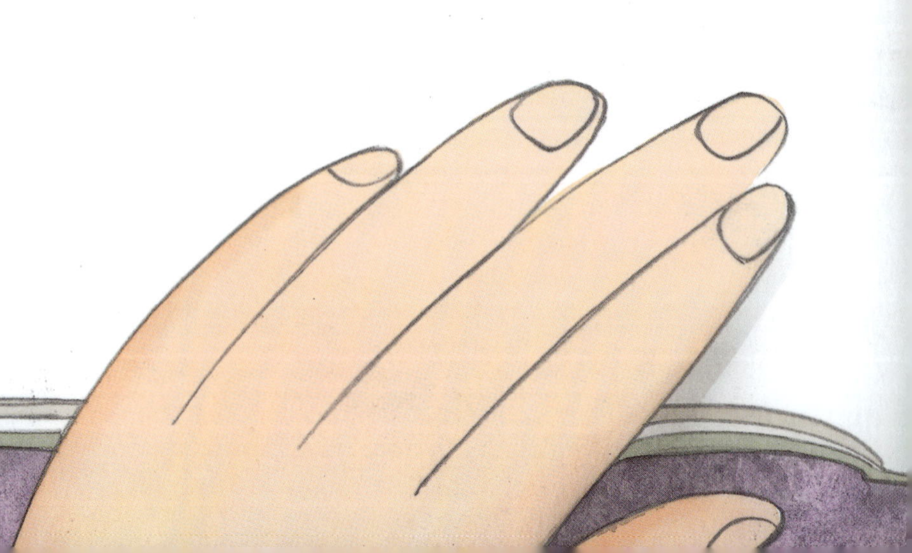

— Será que eu era a ovelha perdida e fui achada?

— Quem sabe? — respondeu a irmã. — Uma coisa é verdade. Mamãe, papai e eu já contamos para todo mundo que você voltou.

— Mãe, quem foi o pastor que me encontrou?

— ?!

— O mundo deve estar cheio de ovelhas perdidas... Pelo jeito devem existir também muitos pastores...

— Quem sabe um dia você não será um deles?

— Até que eu ia gostar, mas... o que eu deveria fazer?

— Vou ler mais uma parábola — disse a irmã, animada, abrindo o livro noutra página.

A parábola dos talentos

(Textos bíblicos:
— Mateus, capítulo 25, versículos de 14 a 30;
— Lucas, capítulo 19, versículos de 11 a 27)

Um homem, tendo de viajar, distribuiu para os servos seus bens. A um deu cinco moedas; a outro, duas e ao terceiro, uma. As moedas foram distribuídas de acordo com a capacidade de cada um. Depois viajou para bem longe.

Pois bem, o que recebera cinco moedas negociou com elas e ganhou outras cinco. O que recebera duas moedas também negociou e ganhou outras duas. O que recebera uma enterrou-a no chão.

Quando o patrão voltou, chamou os servos. O primeiro disse: “O senhor me deu cinco moedas e estou lhe devolvendo dez”. “Muito bem”, disse o patrão. “Venha comemorar comigo.” O segundo disse: “O senhor me deu duas moedas e eis que lhe devolvo quatro”. “Muito bem, servo bom. Venha comemorar comigo.” O que recebera uma moeda disse: “Com medo de perder a única moeda que o senhor me deu, enterrei-a no chão. Aqui está ela”. O patrão não gostou da atitude daquele servo e ordenou que fosse severamente repreendido.

— Entenderam? — perguntou o pai. — As moedas representam as qualidades que temos e que recebemos de Deus.

— E ele quer que as multipliquemos, não?

— É claro!

— A minha saúde e o meu corpo são dons?

— E por que não?

— Mãe, será que eu estava agindo como o servo que havia recebido uma moeda? De hoje em diante vou querer fazer como os outros servos. Eu, hein...

Já era tarde da noite. Todos foram deitar-se. Uma pergunta intrigava o menino, que quase não conseguia dormir. Papai e mamãe estão falando como Papelão. Será?!!

Que ótimo!!!

As festas de fim de ano haviam terminado. Uma nova vida teria de ser enfrentada. Toda mudança requer coragem, persistência, determinação e muita paciência para saber sempre recomeçar quando necessário...

Para ajudar os pais, os meninos, a exemplo de Papelão, começaram a catar papel e outros materiais recicláveis.

Perto de começar as aulas, uma professora que fizera amizade com os meninos conseguiu para eles bolsa integral no colégio em que ela trabalhava. Que ótimo!!!

Com o tempo os ex-moradores de rua foram sendo conhecidos pelos alunos. Alguns mantinham certa discriminação contra eles. Outros os admiravam.

A presença dos ex-catadores de papel animou professores e alunos a iniciarem uma campanha de reciclagem na escola e no bairro.

O convite

O tempo passou e os meninos já estavam terminando a oitava série. Um deles foi escolhido pelos colegas para ser o orador da turma.

Os três falavam sobre a festa. Volta e meia lembravam-se do amigo Papelão.

— Por onde será que ele anda?

— Já pensou como seria legal se pudéssemos convidá-lo para a nossa festa de formatura?

— Por que não mandamos um convite para ele?

— Poderíamos também escrever uma carta...

— Impossível! Nem mesmo sabemos onde ele mora.

— E ainda mais que você sonhou que ele era um anjo, lembra?

— E eu que ele era Jesus Cristo!

— Tive uma idéia! Poderíamos queimar a carta e o convite. Quem sabe a fumaça se encarregaria de levar o nosso recado até o céu. Se Papelão for realmente Jesus ou o anjo com quem sonhamos, ficará sabendo do nosso convite.

— Você acha que daria certo?

— Se não tentarmos, como saberemos?

Na carta, os meninos falavam da saudade que sentiam de Papelão. Que nunca haviam esquecido da noite em que ele lhes contara as parábolas... Falavam também da transformação ocorrida em suas vidas. E por último davam a triste notícia: o amigo que voltara a morar na rua, algum tempo depois, fora encontrado morto...

A festa de formatura

Chegara o dia. A festa estava para começar e nada de Papelão aparecer. Os meninos permaneciam ansiosos.

Os formandos, em fila, acompanhados de seus padrinhos e suas madrinhas, começaram a entrar no salão. Os meninos lançaram um último olhar em direção à portaria na tentativa de avistar o amigo.

Na hora de o ex-morador de rua fazer o seu discurso representando os colegas, simplesmente falou:

— Há alguns anos a leitura de uma parábola do Evangelho, feita por um catador de papel, deu novo sentido à minha vida e à de alguns amigos meus. Escolhi um texto bíblico para nós. Ele tem muito a ver com a acolhida que vocês deram a mim e aos meus dois amigos. É do Evangelho de São Mateus, capítulo 25, versículos 31 a 46:

"No fim do mundo Deus reunirá a todos diante de si e separará os bons dos maus. Aos bons ele dirá:

— Venham para a alegria dos céus, benditos de meu Pai. Eu tive fome e vocês me deram de comer; tive sede e me deram de beber; era peregrino e me acolheram; estava nu e me vestiram; estava enfermo e na prisão e foram me ver.

Os bons lhe perguntarão:

— Senhor, quando foi que fizemos o que acaba de falar?

— Todas as vezes que fizeram isso a um excluído, foi a mim mesmo que o fizeram.

Em seguida falará para os maus:

— Afastem-se de mim. Tive fome e não me deram de comer; tive sede e não me deram de beber; era peregrino e não me acolheram; estava nu e não me vestiram; estava doente e prisioneiro e não me visitaram.

Também eles perguntarão:

— Senhor, quando foi que o tratamos assim?

— Em verdade lhes digo: Todas as vezes que deixaram de fazer isso aos mais humildes e excluídos, foi a mim que o deixaram de fazer".

— Obrigado senhor diretor, professores e colegas por nos terem acolhido... Que Deus os recompense por isso!

Barrado na portaria

Enquanto isso, lá fora na portaria alguém tocava a campainha. O porteiro foi atender.

— O que você quer?

— Vim assistir à formatura de alguns amigos.

— Sinto muito, mas com essa roupa não vou poder deixá-lo entrar. E depois, esse carrinho cheio de papel...

— Tenho certeza de que meus amigos não se importarão...

— Infelizmente não vai ser possível. E além disso nem o conheço. Sinto muito.

— Posso ao menos deixar um recado para eles?

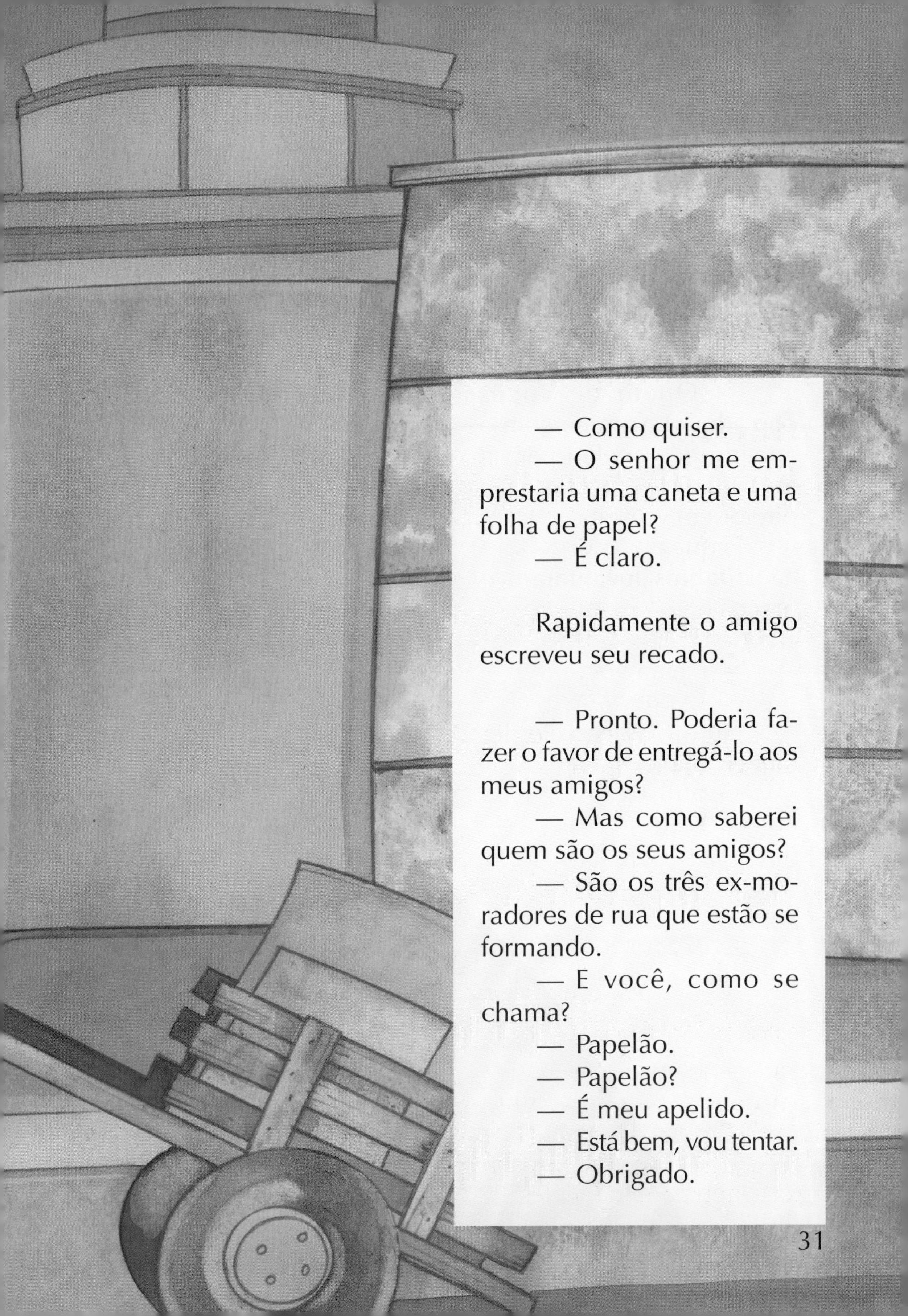

— Como quiser.

— O senhor me emprestaria uma caneta e uma folha de papel?

— É claro.

Rapidamente o amigo escreveu seu recado.

— Pronto. Poderia fazer o favor de entregá-lo aos meus amigos?

— Mas como saberei quem são os seus amigos?

— São os três ex-moradores de rua que estão se formando.

— E você, como se chama?

— Papelão.

— Papelão?

— É meu apelido.

— Está bem, vou tentar.

— Obrigado.

O bilhete

O porteiro foi até o salão onde estavam os formandos e entregou o bilhete ao diretor do colégio contando o que se passara.

— Quem de vocês convidou um amigo com o apelido de Papelão para a formatura? — perguntou o diretor em voz alta.

Os três levantaram o braço.

— É para vocês.

Num só fôlego eles leram o bilhete.

Amigos,
Obrigado por me convidarem para sua formatura. Não imaginam quanto fiquei contente. Infelizmente um probleminha na portaria da escola impediu-me de entrar. Mas não fiquem chateados por isso. Continuem produzindo bons frutos. Isso é o que importa. E lembrem-se do que já lhes disse. Um dia nos conheceremos melhor.
Adeus, amigos.
Papelão

Cadê você, Papelão?

Os meninos saíram em disparada. Logo que encontraram o porteiro, gritaram:

— Por que você não o deixou entrar? Não sabe que ele pode ser...

— Ser quem?

— Nada, esquece! Aonde ele foi?

— Foi embora por ali.

Os meninos correram na direção indicada chamando pelo amigo:

— Papelão, Papelão, cadê você? Papelão, Papelão...

O porteiro ficou espantado sem nada entender.

Os meninos correram em volta do colégio à procura de Papelão.

— Que pena! Outra vez ele desapareceu sem deixar pista.

E assim a dúvida continuou a pairar na mente daqueles meninos. Afinal, quem seria aquele catador de papel? O que queria deles? Por que aparecia e desaparecia tão misteriosamente? Por que insistia em dizer que um dia o conheceriam melhor?!...

Fernando Carraro

Americana é uma bela cidade situada a 130 km de São Paulo. Foi lá que nasci no dia 1º de maio de 1942. Meus pais, José Francisco (Beppi) e Ema, eram pessoas excepcionais. Vieram da Itália para tentar a vida no Brasil e aqui constituíram família.

Com oito anos comecei a estudar no colégio salesiano da cidade. Tarde, não? Fiz todos os meus estudos com os salesianos, do ensino fundamental ao curso superior.

Atualmente vivo em São Paulo com minha esposa Darci e meus filhos Fernando e Fabrício, dos quais tanto me orgulho.

Fiz faculdade de História e Geografia. Mas foi com a Geografia que me identifiquei mais, lecionando essa disciplina em escolas públicas e particulares. Lecionei também Prática de Ensino e Metodologia da Geografia na Universidade de Guarulhos.

Hoje dedico meu tempo a escrever, fazer palestras e visitar escolas.

Minhas primeiras publicações aconteceram há apenas uns doze anos.

Escrevi livros na área de Geografia e Ecologia: *Atividades com mapas, A parábola do planeta azul I e II, A água do planeta azul, A terra vista do alto, São Paulo em mapas,* todos pela Editora FTD. Pela Editora Ave-Maria escrevi *O livro dos Andes, A turma do estojo.*

O catador de papel I foi o meu último livro publicado pela Editora FTD.

Numa visita a um colégio de Santos fui indagado se faria *O catador de papel II.* Na hora respondi que não sabia. A pergunta no entanto me fez pensar. Afinal, bem que aqueles meninos de rua mereciam um final feliz.

Mas houve outro motivo que me animou a escrevê-lo: a aceitação do primeiro livro. Ouvi depoimentos comoventes de professores e alunos nas inúmeras visitas que fiz às escolas. A leitura do livro mudou o modo de pensar de muitas pessoas. Soube de escolas que se mobilizaram em favor dos catadores de papel realizando campanhas de reciclagem e angariando donativos para eles... Que ótimo!

Este livro é uma semente. Você, leitor, é o terreno de que fala a parábola do semeador. Para que esta semente se desenvolva e produza muitos frutos, é preciso que você cuide bem dela e do terreno.

Tenho muito que agradecer a Deus por esta grande oportunidade de escrever e trocar idéias com meus leitores.

E-mail: carraro@sti.com.br
Home page: http://www.okanee.com./planeta azul/